AF267160

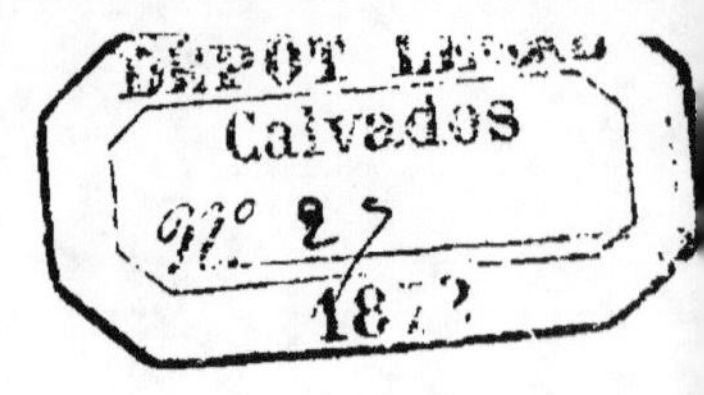

CINQ JOURS

A LUCERNE

CINQ JOURS

A

LUCERNE

ADRESSE DE LA JEUNESSE FRANÇAISE

REMISE A

MGR LE COMTE DE CHAMBORD

le 14 novembre 1871

« Dieu et le Roi! »

COMPTE RENDU

PAR

PAUL DE LÉSÉLEUC DE KÉROUARA

CAEN

IMPRIMERIE TYPOGRAPHIQUE DE PAGNY

27, RUE FROIDE, 27

1872

A MES COOPÉRATEURS.

Plusieurs d'entre vous, mes chers Coopérateurs, m'ont demandé de rédiger, sous forme de compte rendu, l'historique de notre manifestation royaliste et le récit détaillé de mon voyage à Lucerne, qui en a été la conséquence et l'accomplissement. Je vous adresse donc ces lignes, pour lesquelles je réclame toute votre indulgence, car je n'ai d'autre prétention que de remplacer, autant qu'il m'est possible, l'amicale causerie qu'à l'issue de ce pèlerinage j'aurais aimé à avoir avec chacun de vous.

Me souvenant que *le Moi en tout est haïssable,* j'ai longtemps hésité, je l'avoue, à devenir l'auteur d'une sorte de chronique personnelle ; mais il fallait ou subir cet inconvénient, ou renoncer à la scrupuleuse exactitude des faits.—L'ardeur de votre concours m'a inspiré la foi la plus absolue dans la bienveillance de votre accueil.

CINQ JOURS

A LUCERNE

« Dieu et le Roi ! »

A Caen, vers la fin du mois de mai 1871, on nous proposa, à plusieurs de mes amis et à moi, de signer une Adresse à Notre Saint-Père le Pape pour le féliciter d'avoir atteint le vingt-cinquième anniversaire de s n exaltation au trône pontifical, événement qui ne s'était pas rencontré dans l'histoire des Chefs de l'Église, depuis le règne du Prince des Apôtres. Après avoir apposé, de grand cœur, ma signature à cette manifestation catholique, j'eus l'idée, téméraire peut-être, d'en faire une autre, puisée dans les mêmes principes et inspirée par les traditions de la vérité, mais adressée cette fois au fils aîné de l'Église, à Henri de Bourbon, duc de Bordeaux. — Je fis part de ce projet à mes amis Adhémar de Grainville et Désiré Barette, qui l'accueillirent avec enthousiasme. Nous nous mîmes à l'œuvre et je rédigeai aussitôt l'Adresse suivante que votre dévouement, mes chers coopérateurs, a su enrichir de tant de signatures.

« *Adresse de la jeunesse française, à l'occasion du 15 juillet, à Monseigneur le comte de Chambord.*

« MONSEIGNEUR,

« Nous saisissons avec un vif empressement cette occasion, qui se présente à nous pour la première fois, de déposer librement à vos pieds le respectueux hommage de notre amour filial et de notre entier dévouement.

« A la vue des malheurs de notre infortunée Patrie, des horreurs de la guerre civile, de Paris en feu, nous avons jeté sur l'avenir un regard plein d'anxiété, et nous rappelant le passé glorieux de la France, nous avons reconnu, une fois de plus encore, qu'elle ne peut être sauvée que par le digne descendant de saint Louis, d'Henri IV, de Louis XIV et de Louis XVI.

« Issu de cette longue suite de rois qui avaient fait la France glorieuse et prospère, c'est en vous, Monseigneur, que reposent toutes nos espérances. Vous accepterez, nous n'en doutons pas, le périlleux honneur, et, s'il nous est permis de nous exprimer de la sorte, le laborieux devoir de rendre à notre Patrie sa foi antique et sa gloire passée. Vos ancêtres, votre caractère, vos sentiments bien connus, et tout récemment encore exprimés avec tant d'éloquence et de grandeur d'âme, nous sont une garantie assurée que vous ne refuserez pas cette lourde tâche qui, du reste, vous l'avez dit vous-même, paraîtra douce à votre cœur de Père et de Roi.

« C'est pleins de cet espoir, Monseigneur, que nous venons, à l'occasion de votre fête, vous supplier d'agréer les vœux ardents que forme pour Votre Majesté la jeunesse française, et vous offrir généreusement ce que Dieu nous a donné de force et d'ardeur pour travailler, sous vos ordres, au salut et à la régénération de notre chère France, aujourd'hui si abaissée, mais qui, nous en sommes convaincus, redeviendra, sous vos augustes auspices, la première nation du monde, et méritera de nouveau son titre glorieux de Fille aînée de l'Église.

« Oui, Monseigneur, avoir pour Roi et pour Père le chef de la grande maison de France, le représentant de la justice et du droit, tel est le plus grand désir, tel est le vœu suprême de ceux qui, fidèles à la religion de leurs pères, sont heureux et fiers de se dire,

« De Votre Majesté,

« Les très-humbles, très-fidèles et très-obéissants serviteurs et sujets. »

A quelques jours de là, j'eus la bonne fortune de faire la connaissance, par l'entremise de mon ami Alfred Vaudoré, de M. Olivier Dondel de Kergonano, ex-lieutenant au 2me bataillon de la garde nationale mobile du Morbihan. Mon nouvel ami (car l'amitié naît vite entre compatriotes, ayant les mêmes sentiments, les mêmes idées et les mêmes principes), me promit, ce qu'il a tenu largement, de me prêter tout son concours et de recueillir des signatures non-seulment dans la partie de la Bretagne qu'il habite, mais

partout où il pourrait envoyer un exemplaire de l'A-
dresse. Fort de l'autorisation de mon père et de l'entière approbation de MM. Vaudoré, de Kergonano, le
comte d'Osseville, enfin de tous les hommes compé-
tents dont je pus consulter la sage expérience, je fis
imprimer l'Adresse à Monseigneur le comte de Chambord. Nous avons voulu prouver par là que, malgré
les erreurs du siècle et les dépravations de la société
moderne, il existe encore, dans la jeunesse catholique de France, des cœurs dévoués, où demeure ins-
crite comme un commandement la noble devise:
« Dieu et le Roi! »

Afin de répandre notre Adresse, et d'obtenir, sans
le secours de la presse ni d'aucun des moyens reten-
tissants de la publicité, un nombre respectable de signatures, nous organisâmes un comité, sous le nom
de « Comité de la jeunesse chrétienne et royaliste de
France. » On m'en confia la direction; M. Olivier Dondel de Kergonano en fut nommé vice-président,
M. Albert Guyot de Salins, secrétaire, et MM. Adhémar
de Grainville et Désiré Barette, secrétaires trésoriers.
La grand'mère de mon cousin et ami Adhémar de
Grainville, Mme la comtesse de Banville, eut l'extrême
obligeance de nous accorder son salon comme centre
de nos opérations, et M. l'abbé Delaville, mon ancien
professeur de rhétorique, voulut bien diriger nos efforts en nous aidant de ses conseils. Nous eûmes à
lutter souvent contre la mollesse des uns et l'égoïsme
des autres ; nous eûmes à surmonter plus d'un obstacle, à combattre plus d'une cabale, mais nous avions
toujours notre but devant les yeux, et la royale figure,

je dirais presque, surtout maintenant que j'ai eu le
bonheur de la voir, la figure de prédestiné du représentant de nos principes, nous rendait le courage
que quelques déceptions avaient un moment ébranlé !
Le royal manifeste du 5 juillet, daté de Chambord, ne
fit que redoubler notre enthousiasme et celui des correspondants du Comité : dès lors, nous ne nous lais-
sâmes arrêter ni par la réserve des timides, ni par les
objections des soi-disants politiques.

Dès l'origine et pendant toute la suite de notre
royaliste entreprise, nous fûmes particulièrement
secondés, MM. Adhémar de Grainville, Désiré Barette
et moi, à Caen et dans le Calvados, par MM. Alfred
Vaudoré, Amaury de Saint-Pôl, Charles de Cheverus,
Christian et Raoul d'Osseville, le comte de Vendeuvre,
Victor Devismes, Henry Le Court, Guy de Semallé,
Raoul de Guestiers et Jean de Vaulogé ; dans la
Manche, par MM. Georges Doynel de la Sausserie, le
comte O. Doynel, Artus de Chivré et Robert d'Aigneaux ;
dans la Mayenne, par M. Paul de Villette ; dans la
Seine-Inférieure, par MM. le comte de Pardieu, Rous-
sel, avocat, Armand Le Prince et Joseph Huault, jar-
dinier ; à Paris, par mon cousin Élie de Kertanguy et
M. Gaëtan de Monhoudou ; au Mans, par M. Alexandre
Célier ; dans le Maine-et-Loire, par M. le marquis de
Villoutreys ; dans le Finistère, par MM. Théodore de
Kergos et de Guébriant ; dans le Morbihan, d'abord
par MM. Olivier Dondel de Kergonano, vice-président
du Comité, et Albert Guyot de Salins, secrétaire ; puis
par MM. Le Derrigaud, Jégo, Lagueux, G. de Carcouët,
C. de Pontfarcy, J. Marchand, J. Guénédal, Le Bihan, le

prince de Léon, Le Joubioux, le marquis d'Anglade, Le
Chauff de Kerguénec, Le Tellier, Henry de Cussé, Fer-
nand de Cussé ; dans le Midi, par MM. Henry de Saint-
Léon, Georges de Cadillan et de Camaret ; dans le Nord,
par MM. Paul de Bailliencourt et A. Martin. Je ne m'ar-
rêterais pas s'il me fallait citer tous ceux qui ont
contribué activement à recueillir toutes ces adhésions.
Je vous prie donc, mes chers coopérateurs, de me
pardonner la brièveté relative de cette nomenclature.
Mais nous devons une reconnaissance spéciale à
M. F. Dondel de Kergonano, qui a su récolter une
riche moisson de signatures parmi les pèlerins de
Sainte-Anne d'Auray.

Notre projet primitif était de faire coïncider la
remise de l'Adresse avec la fête de la Saint-Henry ;
mais le temps manquant absolument pour réunir les
listes envoyées dans toutes les directions, il fallut se
décider à remettre au 29 septembre la clôture des
adhésions.

Afin que ce témoignage de respect et de dévouement fût présenté à son royal destinataire sous une
forme digne de lui, il fut résolu qu'on chargerait
Curmer, le grand relieur parisien, de fournir une
reliure mobile, sorte de livre dont chaque feuillet
serait un exemplaire de l'Adresse revêtu de ses signatures. —L'exécution a répondu au talent de l'artiste. —
C'est un volume en cuir de Russie, vert, présentant,
d'un côté, en mosaïque, l'écusson des armes de
France, avec couronne royale, et, de l'autre, le drapeau blanc avec ces mots : « LA JEUNESSE DE FRANCE
A SON ROI, 29 SEPTEMBRE 1871. » — Les gardes sont

en soie moirée blanche, semée de fleurs de lis innombrables, et les fermoirs en vermeil sont formés de deux fleurs de lis sculptées à jour.

Cet album, qui n'est pas aussi rempli que nous l'eussions désiré, contient cependant plusieurs milliers de signatures ; il y a des pages couvertes de croix, et les noms qui sont au bout sont ceux de braves paysans qui, ne sachant pas écrire, ont néanmoins voulu prouver que, sans instruction, ils avaient cependant l'intelligence du droit et l'éducation du cœur. C'est encore dans ma chère Bretagne, cette province aux principes solides, aux âmes fières, aux vieilles traditions, et que l'on dit si arriérée, si encroûtée même, parce qu'elle ne veut pas suivre le prétendu progrès d'un siècle de démoralisation sociale, parce qu'elle refuse d'abdiquer ses devoirs, de transiger avec sa foi, de pactiser avec la Révolution ; c'est dans la Bretagne et dans le Midi où se trouvent aussi des cœurs chauds et vraiment patriotiques, que nous avons recueilli le plus de signatures.

Je ne dois pas oublier la Normandie, dont un des plus nobles représentants m'écrivait : « Si l'hôte de Lucerne vient à vous parler de la Basse-Normandie, dites-lui sans hésiter, qu'il y a encore des descendants de ces vieux sauvages qui traversaient les mers pour trouver au loin l'occasion de se battre, quand tout fut terrorisé autour d'eux. »

Comme je vous l'ai déjà dit, mes chers coopérateurs, nous n'avons voulu user d'aucun moyen de publicité pour obtenir ces adhésions. Deux journaux cependant, contre notre intention, la *Gazette de l'Ouest* et le *Vendéen*, ont inséré notre adresse dans leurs colonnes royalistes. Voici ce qu'en disait la *Gazette de l'Ouest* dans son numéro du jeudi 20 juillet 1871 :

« L'adresse que nous publions ci-dessus vient de
« nous être envoyée du Morbihan.

« Nous sommes convaincu qu'en Vendée et dans la
« Loire-Inférieure, elle ne rencontrera pas de moins
« nombreuses adhésions que dans le noble dépar-
« tement qui en a eu la pensée et qui en a pris l'ini-
« tiative.

« Nous en faisons tirer des copies que nous tien-
« drons à la disposition de ceux de nos amis qui nous
« en feraient la demande.

« Ils voudront bien nous les retourner dès qu'ils
« auront recueilli un nombre suffisant de signatures,
« afin que nous les transmettions au comité qui s'est
« chargé de les centraliser et d'en faire l'envoi.

« C'est ainsi que nous avons fait déjà pour l'adresse
« des fidèles au Saint-Père à l'occasion de l'anniver-
« saire de son exaltation au trône pontifical, et nous
« avons été assez heureux pour fournir ainsi aux ca-
« tholiques les moyens matériels d'augmenter d'une
« façon considérable le nombre des signatures, attes-
« tant la foi inébranlable des Français, qui ont été
« déposées aux pieds de Pie IX au commencement de
« ce mois.

« Il n'est pas moins nécessaire, disons-nous au-
« jourd'hui à nos amis, de témoigner de sa foi poli-
« tique que de donner des gages de sa foi religieuse.
« Aussi est-ce une heureuse idée d'avoir destiné

« cette adresse à recueillir les signatures de la jeu-
« nesse légitimiste. La jeunesse, c'est l'avenir, et
« c'est l'avenir même de la France qu'il s'agit au-
« jourd'hui d'assurer.

« Si la génération qui doit nous remplacer com-
« prend, dès à présent, ses intérêts, elle entrera d'un
« pas ferme dans la voie qui peut seule lui assurer
« des jours paisibles et prospères.

« Qu'elle consulte le passé et qu'elle réfléchisse
« au présent. Depuis que la nation française, égarée
« par des scélérats et des utopistes, s'est séparée de
« la Monarchie légitime qui, pendant tant de siècles,
« avait présidé à ses destinées, elle a traversé un
« cycle épouvantable de calamités sans cesse renais-
« santes, inconnues jusqu'ici dans son histoire.

« Il est temps de revenir au point de départ et de
« reprendre l'œuvre si criminellement interrompue.
« Il ne s'agit point, on le sait aujourd'hui à n'en pou-
« voir douter, il ne s'agit point de revenir aux temps
« barbares où le génie de nos rois luttait contre la
« féodalité pour constituer la grande et forte nation
« française.

« L'auguste descendant de nos princes le disait ces
« jours derniers dans un magnifique langage auquel
« personne n'oserait contester le caractère irrécusable
« de la plus entière sincérité ; c'est le mouvement
« national de 89 qu'il s'agit de reprendre, ce mouve-
« ment que Mirabeau, revenu de ses erreurs, essayait
« de ramener dans ses limites naturelles, lorsque la
« mort vint le surprendre. Il s'agit, comme le disait
« si bien, il y a quelques jours, un écrivain peu sus-

« pect de partialité pour la monarchie légitime, il
« s'agit « d'entourer enfin d'institutions sages ce
« trône antique, sorte de palladium de la race des
« Francs, associé dès le berceau à toutes nos vicissi-
« tudes, resplendissant de toutes nos gloires, à la fois
« l'instrument et le symbole de notre unité natio-
« nale. »

« Cette œuvre peut être celle de la jeunesse fran-
« çaise. Puisse-t-elle en comprendre l'utilité, la no-
« blesse et la grandeur ! Le sort de la France est entre
« ses mains, et, selon qu'elle en décidera, nous conti-
« nuerons à jouer un rôle glorieux dans le monde, ou
« nous disparaîtrons pour jamais dans la nuit pro-
« fonde où tant de peuples se sont déjà engloutis.

« EMMANUEL DE RORTHAYS. »

M. de Rorthays ne s'est pas contenté de cet article
approbateur de notre entreprise, il nous a encore vi-
goureusement soutenu contre les attaques assez misé-
rables du journal *le Soir*. Voici la défense que notre
aimable avocat publie sous le titre de : Un vœu pa-
triotique.

« Un journal de Paris, faiblement accrédité auprès
« des gens sérieux, mais comptant quelques lecteurs
« parmi les fantaisistes, le *Soir*, où politiquaille
« M. About, attribue fort ingénieusement aux cha-
« leurs caniculaires du moment l'éclosion de l'Adresse
« nesse française à Monseigneur le comte de Cham-
« bord, publiée, il y a quelques jours, par la *Gazette*
« *de l'Ouest* :

« L'élévation croissante de la température, dit la
« spirituelle feuille, est probablement aussi pour
« quelque chose dans le zèle en ébullition permanente
« des feuilles royalistes. L'une d'elle s'enflamme en
« ce moment jusqu'à distribuer, dans l'Ouest, des co-
« pies d'une adresse à Monseigneur de Chambord.
« Cette pièce serait, d'après la *Gazette de l'Ouest*,
« l'appel de la jeunesse française à son roi. C'est un
« produit du Morbihan, d'ailleurs, mais pour lequel
« le journal de M. de Rorthays espère l'estampille des
« départements voisins. Le vœu suprême des signa-
« taires est de voir la France redevenir, sous les au-
« gustes auspices que l'on sait, la fille aînée de
« l'Église. Un comité se charge de centraliser les re-
« productions de l'adresse de la jeunesse française,
« et d'en faire l'envoi. On demande des adhésions.
« Nous croyons ne pas devoir attacher plus d'impor-
« tance au manifeste des jeunes amis de la *Gazette*
« *de l'Ouest* qu'à la lettre du rhétoricien dont le *Siècle*
« de ces jours derniers se réjouissait si fort. Cette po-
« litique de collégiens est médiocre d'intérêt. »

« Politique de collégiens, et pourquoi pas de nour-
« rissons ? Ce n'est ni dans les salles d'asile, ni dans
« les salles d'étude que l'adresse à Monseigneur le
« comte de Chambord ira chercher ses adhérents, et
« le *Soir* peut être certain qu'être fort en thème ne
« sera pas un titre suffisant pour être admis à signer
« le manifeste.

« Politique de collégiens ou non, d'ailleurs, le vœu
« suprême des gens qui aspirent « à voir la France
« redevenir sous les augustes auspices que l'on sait

« la fille aînée de l'Église, » ce vœu suprême, dis-je,
« est de beaucoup plus français que la politique des
« romanciers du *Soir.*

« Quand la France était la fille aîné de l'Eglise, elle
« était aussi la reine du monde ! qu'elle redevienne
« chrétienne et royaliste, et elle saura bien reprendre
« sa couronne.

« Emmanuel de Rorthays. »

Remercions tout d'abord M. de Rorthays de sa
bienveillante sympathie ; nous ajouterons seulement
à ce qu'il a dit au sujet du *Soir*, qu'en dépit de la
désapprobation de ce journal, nous n'en sommes pas
moins arrivés à notre but.

Nous devions, M. Olivier de Kergonano et moi, aller
porter nous-mêmes à Monseigneur le comte de Chambord le témoignage de l'amour inaltérable que la
jeunesse vraiment française et chrétienne porte au
digne petit-fils de saint Louis.

Ma bonne étoile m'avait fait rencontrer M. le comte
de Canisy, qui voulut bien s'intéresser à notre entreprise et qui eut l'extrême bonté de me mettre en
rapport direct avec son cousin, M. le comte Henry de
Vanssay, l'un des secrétaires de M. le comte de
Chambord.

Nous avions eu d'abord la pensée, et M. le comte
de Vanssay était de cet avis, d'aller trouver Monseigneur en sa résidence de Frohsdorf; mais nous
apprîmes bientôt que le comte de Chambord, pour
affaires de famille, était en voyage dans la Haute-
Autriche, où Mme la comtesse de Chambord a des

engagements en quelque sorte sacrés envers la mémoire de son oncle l'archiduc Maximilien d'Este, qui l'a faite légataire universelle de ses bienfaits.

Nous nous décidâmes alors à aller voir Monseigneur pendant son séjour à Lucerne. M. le comte de Vanssay, qui nous témoigna la plus grande bienveillance, eut la bonté d'informer le comte de Chambord de notre entreprise et de notre désir d'aller déposer à ses pieds l'hommage de notre dévouement. Monseigneur voulut bien nous faire savoir qu'il nous verrait avec plaisir.

Nous nous mîmes aussitôt en route ; Olivier Dondel de Kergonano, M. et Mme Ferdinand Dondel de Kergonano, leur cousin, M. Armand Le Prince, mon père, ma mère et moi, et nous arrivâmes le 13 novembre à Lucerne. Dès le 14, nous nous rendîmes, à midi, sur l'invitation de M. le comte de Monti de Rézé, secrétaire du prince, au Schweizerhof (hôtel suisse), pour être présentés à Monseigneur le comte de Chambord. Nous fûmes introduits dans le grand salon où il y avait déjà une soixantaine de personnes. M. le comte de Monti nous fit aussitôt passer dans le petit salon où il avait placé les pèlerins bretons. Monseigneur y était déjà.

Voici à ce propos, mes chers collaborateurs comment se passent les réceptions. Les visiteurs se tiennent autour du salon, et Monseigneur adresse la parole à chacun. Souvent M. de Monti, ou un autre des secrétaires du Prince, l'accompagne pour lui présenter les nouveaux arrivés. Le comte de Chambord fait ainsi le tour des salons, distribuant partout quelques mots bienveillants. Sa mémoire est prodi-

gieuse; il sait tout et se souvient de tout. N'importe à qui il adresse la parole, il l'entretiendra des intérêts particuliers du département qu'il habite, des questions qui ont été traitées dans les Conseils généraux, des réformes qu'il y aurait à apporter sous le rapport industriel, agricole et commercial. Enfin, aucune question ne lui est étrangère et personne ne connaît mieux la France que lui. Quoiqu'il soit sorti de France à l'àge de dix ans et qu'il n'y soit rentré pour la première fois qu'au mois de juillet 1871, le comte de Chambord, qui parle parfaitement les principales langues de l'Europe, n'a aucune espèce d'accent étranger.

Je ne pourrais vous traduire, mes chers coopérateurs, l'impression profonde que j'ai ressentie en voyant Monseigneur pour la première fois. Sa royale figure, je le répète, est vraiment celle d'un prédestiné ; oui, c'est bien là *l'enfant du miracle*, le digne descendant de nos rois, le petit-fils de saint Louis, *lẽ donné de Dieu*, celui que la Providence a réservé pour rendre à notre infortunée patrie sa foi antique et sa gloire passée; pour lui apporter, avec des jours meilleurs, la prospérité et la paix. Comme le dit fort bien M. le vicomte Hocquart dans le remarquable compte rendu de son voyage publié par la *Gazette de Normandie* du 28 novembre 1871, « M. le comte de « Chambord joint à une extrême bienveillance, tou- « chant presque à la familiarité, une dignité sans « égale. Son front porte sans fléchir toutes les gloires « de sa race, et son regard bienveillant et fier vous « pénètre d'un sentiment de respect indéfinissable.

« C'est le regard du plus honnête homme du monde…
« On sent sous ce regard une conscience pure, une
« âme loyale, prête à tous les sacrifices pour le bon-
« heur de la France, mais incapable en même temps
« de ces transactions honteuses qui sont l'apanage
« des aventuriers. »

Un méridional, frappé de l'expression remarquable
des yeux de Monseigneur, disait, avec cette origina-
lité spirituelle qui caractérise les habitants du Midi :
« Eh ! Monseigneur ! Il a un regard d'un kilomètre de
« profondeur ! » — Cela est vrai, car il vous pénètre ;
il semble scruter vos pensées, interroger votre conscience. — Le comte de Chambord a bien les traits des
Bourbons ; son visage est d'une finesse et d'une régu-
larité remarquables ; le timbre particulièrement har-
monieux de sa voix exerce une indicible séduction.
Le fond de sa physionomie est plutôt triste. Exilé dès
son enfance, sa vie n'a-t-elle pas été une suite d'amer-
tumes auxquelles vint encore s'ajouter la mort de la
duchesse d'Angoulème, de la duchesse de Parme et de
la duchesse de Berry ; puis les derniers désastres de
la patrie n'ont-ils pas fait cruellement souffrir son
cœur de Français, son cœur de Père et de Roi ? —
Monseigneur est de taille moyenne ; il a l'embonpoint
des Bourbons ; la vigueur et la santé accompagnent
chez lui ce trait distinctif de sa race. Quant à ses manières, ce sont celles du premier gentilhomme de
l'Europe. — Il vous communique quelque chose de cé-
leste, quelque chose de la sérénité de son âme, un je
ne sais quoi indéfinissable qui vous transporte. Il a,

comme on l'a dit avec raison, « le regard d'un Roi et
« le sourire d'un ami. » Il semble que sa présence
vous rende meilleur ; on sent que la main de Dieu
est sur lui.

M. de Monti nous présenta tous à Monseigneur le
comte de Chambord qui eut la bonté de nous adres-
ser à chacun des paroles d'une amabilité charmante.
Il demanda à Olivier de Kergonano dans quel corps il
avait servi pendant la guerre et le félicita sur la belle
conduite de son bataillon. Puis, s'adressant à M. Armand Le Prince et apprenant qu'il habitait Dieppe :
« Autrefois, dit-il, ma mère avait beaucoup de sym-
pathies à Dieppe... » Monseigneur s'approcha ensuite
de mon père et de ma mère, et comme nous l'assu-
rions de notre dévouement de famille : « Oh ! je sais,
dit-il à mon père, nous avons dans Monsieur votre
frère, à Quimper, un de nos plus fermes soutiens. »

Puis Monseigneur nous remercia, et en particulier
Madame de Kergonano et ma mère, d'être venus de
si loin pour le voir. Mon père lui dit alors : « Mon
fils a eu l'audace de vous écrire, Monseigneur, pour
vous demander l'époque et le lieu où l'on pourrait
avoir le bonheur de vous rencontrer. » — « Mais,
comment donc, répondit-il, il a très-bien fait. J'ai bien
regretté de n'avoir pas pu vous recevoir à Frohsdorf ;
mais quand sa lettre m'est parvenue, je ne restais pas
vingt-quatre heures dans le même endroit. »

A la fin de la réception, M. de Monti invita les as-
sistants, de la part de Monseigneur, à venir passer la
soirée. Puis il nous dit que le Prince désirait nous
voir en particulier et qu'il nous priait d'arriver une

demi-heure avant la soirée pour que nous puissions
lui remettre l'adresse et nous entretenir avec lui.
« Nous serons en famille, » nous dit M. de Monti.

Nous arrivâmes exactement à l'heure convenue au
Serweizerhof. M. de Monti nous fit entrer dans le
même petit salon où nous avions été présentés le
matin. Nous lui remîmes alors un certain nombre de
photographies du Prince en le priant de les lui faire
signer. « Donnez-moi tout cela, me dit-il avec son
affabilité ordinaire, je vais les mettre dans un tiroir
réservé. »

Quelques instants après, Monseigneur entra. Une
sorte de commotion électrique nous passa dans tous
les membres, nos cœurs palpitèrent d'émotion. Nous
étions donc, enfin ! seuls, en la présence de notre Roi;
il nous était donné de le voir, de le contempler, de
lui parler à loisir, de causer avec lui à cœur ouvert.
Instants délicieux, suaves impressions dont le souvenir reste à jamais gravé dans la mémoire et dans le
cœur ! Non, jamais je n'oublierai ce moment si rempli de joies indéfinissables ; certes, après celui de ma
première communion, c'est bien le meilleur et le plus
complétement heureux que j'aie passé !

M. de Monti demanda à Monseigneur de me permettre
de lui lire notre Adresse ; ce qui fut aussitôt accordé.
Le comte de Chambord voulut bien prêter une attention marquée et très-sympathique à la lecture que je
lui en fis, et pendant laquelle il ne me quitta pas du
regard. Lorsque j'eus terminé, Monseigneur me remercia et nous remercia tous avec la plus vive et la
plus gracieuse effusion, en nous donnant d'affectueuses

poignées de main. « Je suis touché, Messieurs, dit-il, profondément touché de votre démarche. » Puis, comme réponse à ce passage de l'Adresse : « Vous accepterez, nous n'en doutons pas, le périlleux honneur, et s'il nous est permis de nous exprimer de la sorte, le laborieux devoir de rendre à notre patrie sa foi antique et sa gloire passée. » « Oui, j'accepterai, « dit-il. On a parlé d'abdication ; mais on abdique des « prétentions, des devoirs, jamais ! Non, jamais je « n'abdiquerai mes devoirs, oh ! non, jamais ! » Et ici il eut un geste magnifique d'autorité et d'énergie.

Combien Monseigneur était beau pendant ces quelques paroles ! Son mâle visage s'illumina comme d'un éclair, ses traits respiraient une noble fierté et une volonté indomptable ; c'était bien le petit-fils d'Henri IV et de Louis XIV, le descendant de saint Louis ! C'était le Roi !....

MM. Olivier de Kergonano, Armand Le Prince et moi, nous présentâmes alors à Monseigneur cet album que vos efforts, mes chers coopérateurs, ont su remplir de plusieurs milliers de signatures. Le comte de Chambord fut excessivement touché de cette marque de notre jeune dévouement. « C'est très-beau, dit-il, je vous en remercie bien, cela me fait un grand plaisir. » On sentait qu'il était heureux, son émotion était visible ; plusieurs fois il nous répéta, en feuilletant l'album : « C'est très-beau, c'est superbe..... je vous remercie bien..... » Puis ensuite, en voyant le drapeau blanc incrusté dans la reliure, il eut une exclamation de joie et dit avec une figure rayonnante : « Ah ! c'est bien, cela ! » Et il nous serra chaleureusement la main, à Olivier de Kergonano et à moi. Oh ! comme nous la baisâmes alors avec amour, sa main royale ; nos lèvres tremblantes ne pouvaient s'en détacher. Notre bonheur était complet, nos vœux étaient comblés : nous étions parvenus à faire plaisir à notre Roi, à procurer quelque joie à son cœur qui y est, hélas ! si peu habitué loin de sa *douce France !*

Non, mes chers coopérateurs, nous ne pourrons jamais aimer assez un tel Prince ! Ne laissons pas notre dévouement s'arrêter aux obstacles, notre ardeur se ralentir au moindre insuccès, notre courage faiblir au premier échec. Nous soutenons la plus noble des causes ; à nous de tenir haut et ferme le drapeau de la vérité !

M. Dondel de Kergonano remit au Prince, de la part de M. A. Martin, officier démissionnaire, un tableau représentant la France blessée, qui combat contre la Révolution et l'Anarchie. L'œuvre fut trouvée bien composée ; et Monseigneur, après avoir demandé à quelle arme et à quel régiment avait appartenu l'auteur de ce gracieux et touchant hommage, pria M. Dondel de Kergonano de l'en remercier de sa part.

Mon père ayant dit à M. le comte de Chambord que les deux grandes autorités de notre époque, le Saint-Père et lui, sauveraient la France : « Oh ! répartit Monseigneur, avec un geste d'humilité profonde, il ne faut pas me comparer au Saint-Père. » — « C'est vrai, dit mon père, mais après lui, c'est vous qui sauverez la France, d'autant plus que les causes sont confondues. » — « Je ferai tout ce que je pourrai, » ajouta Monseigneur.

Oui, mes chers coopérateurs, vous pouvez être bien assurés que Monseigneur le comte de Chambord sera le salut et fera le bonheur de notre chère France. « Pénétré des besoins de son temps, toute son ambition est de fonder, avec nous, un gouvernement vraiment national, ayant le droit pour base, l'honnêteté pour moyen, la grandeur morale pour but [1]. »

Avant de nous quitter, Monseigneur nous dit encore : « Je conserverai précieusement votre livre comme un bon souvenir. » Puis, nous jetant à tous un de ces regards qui ne s'oublient pas : « Je compte sur vous, » nous dit-il ; et il se retira, nous laissant abimés dans notre bonheur, anéantis sous le poids de tant d'émotions délicieuses et d'impressions ineffaçables. Nous nous regardions les uns les autres avec un étonnement mêlé d'admiration ; nous étions transportés d'amour et de respect pour ce Roi si grand et si aimable, si fier et si bon, si courageux dans le malheur, si ferme dans sa foi, si dévoué à la France.

Nous entrâmes alors dans le grand salon, où déjà les invités affluaient en grand nombre. Monseigneur y vint quelques instants après ; et, dans le courant de la soirée, s'étant approché de mon père : « Vous ne retournez pas encore dans votre pays ? » lui dit-il. — « Non, Monseigneur, nous voulons profiter le plus possible du but de notre voyage. » — « Tant mieux, répartit le Prince, alors je vous reverrai. »

[1] Henri V, manifeste du 9 octobre 1870.

Au milieu de tous les représentants de la société française, nous remarquâmes MM. le comte Bernard de Chastellux, le marquis de Vibray, le marquis et le vicomte de Méhérenc de Saint-Pierre, A. de Félix, A. de Saint-Michel, le baron Paul Dallemagne, le baron Léon Dallemagne, de Gouyon, E. de Riancey, de Cémanville, A. Célier, du Puget, de Combourg, le vicomte Hocquart, de Vaulchier, le comte de Trobriant, de Pioger, le comte Olivier de Carné, Ch. de Villèle, Ch. du Glazau, E. de La Nouë, le marquis de Maillardoz, E. de Gevigney, de Prioul, de Longeville, L. de Bonnefoy, H. de Longeaux, le marquis de Kerouartz, le vicomte du Boberil, de Léhen, d'Aiguillon, P. de Vigier, de Joannis-Pagan, le marquis de Cataux, de Fresne, de Faviers, du Plessis, de Trogoff, Le Mire, de Lyon ; Durand, de Marseille ; Mgr Daniel, aumônier des zouaves pontificaux ; Mgr Carbonel, le général de Cathelineau, le comte de Boisboissel, Lucien Brun, etc., etc.

« De toutes les provinces de France, comme l'écrit encore M. le vicomte Hocquart, des personnes de toutes conditions étaient accourues pour offrir l'hommage de leur dévouement à l'auguste descendant de nos rois. Au milieu de nos discordes civiles, sentir battre son cœur à l'unisson de tous ces cœurs dans une même pensée et dans une même foi, était déjà une consolation et une espérance. » On se serrait les mains avec enthousiasme en jurant de vivre et de mourir pour la cause sainte. A dix heures, Monseigneur quitta les salons et chacun se retira. Ainsi se passèrent, mes chers coopérateurs, notre première journée et notre première soirée à Lucerne.

Le lendemain, 15 novembre, nous visitâmes la ville et ses charmants environs. Lucerne, qui compte près de 10,000 habitants, est une jolie ville flanquée de vieilles tours féodales et de remparts crénelés. Sise au pied du mont Pilate, elle est baignée par les eaux vertes et limpides du lac qui porte son nom. Elle possède une église abbatiale remarquable surtout par ses belles orgues, par un rétable de Lanfranc, et par ses nombreux vitraux. Mais ce qui nous intéressa le plus, ce fut le monument élevé à la mémoire des Suisses égorgés aux Tuilleries le 10 août 1792 ; c'est un des chefs-d'œuvre inspirés par le célèbre Danois Thorwaldsen, et qu'exécuta un jeune sculpteur de Constance, nommé Ahorn. A côté d'une chapelle funéraire, où sont inscrits les noms des braves défenseurs de Louis XVI, se trouve un petit étang au pied d'une roche à pic, dont l'immense paroi abrite cet endroit solitaire. L'artiste a sculpté dans le roc même, un lion mourant. La grotte dans laquelle il est couché n'a pas moins de quinze mètres de long sur neuf mètres d'élévation; le lion mesure près de neuf mètres depuis l'extrémité du museau jusqu'à la naissance de la queue, et six mètres de haut. L'expression en est sublime : il est blessé à mort, lâchement frappé par derrière ; mais à travers la douleur apparaît son fier courage, et il conserve une attitude menaçante. Défendant, jusque dans son agonie, l'écusson fleur-delisé, il étend sa griffe puissante comme pour se relever contre son adversaire qu'il fait encore trembler dans sa victoire ; mais son œil se ferme, et sa face majestueuse semble se contracter pour mourir. Sur la grotte sont inscrits ces mots : *Helvetiorum fidei ac virtuti*. L'inscription de la chapelle n'est pas moins noble : *Invictis pax*. Lorsque le monument fut exécuté, la garde en fut confiée à l'un des généreux Suisses qui avaient échappé au massacre du 10 août, et maintenant encore, c'est le fils de ce brave qui lui a succédé après avoir servi de 1815 à 1830 dans le huitième régiment de la garde royale. Ce vieillard aux cheveux blancs, nommé Louis Brunner, vert encore malgré les années et leste comme tous les montagnards, montre avec fierté son viel uniforme qu'il ne revêt que dans les plus grandes circonstances ; c'est le vieux soldat, c'est l'homme du devoir. Pour lui, tout le résume dans la personne d'Henri V, il ne jure que par son nom et tout son bonheur est de pouvoir en parler. Combien de Français, n'est-ce pas, mes chers coopérateurs, auraient besoin d'aller à son école ! car cet exemple de fidélité serait fort utile à suivre.

Que de tristes réflexions se présentent à l'esprit, devant ce monument commémoratif d'une des époques de notre ère les plus désastreuses et les plus sanglantes ! On se reporte involontairement par la pensée à ces jours néfastes de l'abaissement moral d'une société, de la décadence d'un grand peuple ; puis, si l'on jette les yeux sur la situation actuelle, on constate avec douleur, je dirais même avec honte, que l'on n'est pas meilleur qu'alors. Hélas ! au contraire, le gouffre ténébreux et profond de la révolution s'ouvre encore béant sous nos pieds qui chancellent, et les progrès tant vantés du siècle de la liberté n'ont produit qu'utopies, mensonges et corruptions.

Lucerne joint à la beauté sévère des montagnes l'aspect gothique et original de ses clochers bizarres aux pointes acérées, puis de ses antiques tourelles et de ses vieux créneaux, enfin de ses ponts couverts qui traversent le lac : l'un d'eux a plus de trois cents mètres de long, l'autre plus de quatre cents. Des tableaux, noircis par le temps, représentent les traits principaux de l'histoire helvétique, avec des légendes en vieux et naïf langage ; ce sont aussi des figures allégoriques et des sujets de l'histoire sainte ; mais presque tous rappellent particulièrement les mœurs et les coutumes du seizième siècle. Ces ponts, qui sont une des curiosités de Lucerne, offrent aux habitants un précieux avantage : quelque temps qu'il fasse, on peut s'y promener, et l'on y jouit toujours d'une vue ravissante. On voit se dérouler devant soi un des plus magnifiques panoramas que la nature puisse offrir à nos regards : un lac tranquille, qui fait penser à la romance de Châteaubriant, puis dans le lointain, s'élevant vers les cieux, les pics neigeux d'Uri ; à gauche, la belle et imposante croupe du Righi dont on peut voir parfois le sommet accidenté à travers la déchirure d'un nuage ; à droite, le sombre Pilate avec ses roches nues et sa religieuse tradition, avec ses deux pointes séparées dont les formes brusques et saccadées se détachent au loin sur cette masse immense de rochers, avec ses cavernes profondes, ses antres ténébreux, ses grottes aux structures singulières et fantastisques. D'après la légende, Ponce-Pilate, poursuivi par ses remords, vint se précipiter, la tête la première, dans un petit lac qui se trouve au sommet de la montagne. Aussi ce géant de la nature inspire-t-il une sorte de terreur superstitieuse.

Lucerne possède encore un arsenal assez considérable, riche en armes anciennes, au nombre desquelles se trouvent l'armure de Léopold d'Autriche et la cotte de mailles de Charles le Téméraire.

Les habitants sont bienveillants et affables, surtout pour les Français auxquels ils s'efforcent de montrer leur sympathie. Sauf un seul, il sont tous catholiques, et sous ce rapport nous avons encore bien à imiter, car leur piété est sérieuse et profonde et leur tenue dans les églises est non seulement respectueuse, mais encore pleine de foi. On remarque autant d'hommes que de femmes aux cérémonies religieuses ; les premiers se placent du côté de l'épitre, les secondes du côté de l'évangile. L'ordre et le recueillement sont parfaits.

Les bords du lac sont semés de riants villages qui sont autant de stations pour les bateaux à vapeur dont il est sillonné. Ce sont: Wéggis, Vitznau où se trouve la petite gare du chemin de fer du Righi, qui, au moyen d'un système de roue centrale à engrenages, gravit 1800 pieds en une heure, par une pente très rapide ; Bekenried, Gersau, Brunnen et enfin Fluelen. Puis, non loin de là, est situé Altorf, bourg encaissé dans les montagnes, riche en souvenirs et en monuments qui rappellent l'affranchissement de la Suisse. On y remarque surtout une assez belle statue de Guillaume Tell, et, près d'une tour couverte de vieilles peintures à fresques, une fontaine que l'on a élevée à l'endroit même où le libérateur de la Suisse transperça d'une flèche la pomme que le cruel Gessler l'avait contraint de placer sur la tête de son fils. Le lieu d'où partirent les traits vengeurs de Tell, au pied du Righi, a été aussi consacré; on y a construit une chapelle commémorative.

Pardonnez-moi, mes chers coopérateurs, si je vous ai entretenu si longtemps de Lucerne et de ce qui l'entoure. Mais je n'ai pu m'empêcher de vous parler un peu longuement de cette terre fertile en grands hommes et en vieux souvenirs, de ces lieux témoins des exploits des libérateurs de la vieille Helvétie. C'est de là, c'est du fameux serment du Gruttli qu'est venu le salut de la Suisse. Espérons que de là aussi viendra celui de la France, et que l'Hôte auguste de Lucerne sera notre libérateur.

Le 16 novembre, il y eut réception le soir chez Monseigneur le comte de Chambord. A huit heures et demie nous nous rendîmes au Schweizerhof dont les salons ne tardèrent pas à se remplir. M. le comte de Monti eut l'amabilité de nous signaler, dans un groupe, à Monseigneur, Olivier de Kergonano, Armand Le Prince et moi, ainsi que M. Dondel de Kergonano et mon père. Au mot de présentation j'ajoutai : « Entièrement dévoué, Monseigneur ». « Je le sais bien, répondit-il, vous en donnez des preuves. » Puis se tournant vers mon père : « Vous devez être heureux, Monsieur, lui dit-il, de voir ces jeunes gens continuer votre tradition. » — « Cette tradition, Monseigneur, ne peut s'éteindre dans ma famille, répartit mon père. » — « Oui, dit alors le Prince, je sais que vous m'êtes dévoués, et vous le montrez encore. » — « Nous espérons bien, Monseigneur, ajoutai-je, vous le prouver d'une manière plus efficace. » Le comte de Chambord s'avançant ensuite vers madame Dondel de Kergonano et vers ma mère, leur dit combien il était touché de ce qu'elles n'avait pas reculé devant la distance et la rigueur du temps pour venir jusqu'à lui : « Oh ! Monseigneur, répondirent ces dames, nous en ferions bien davantage. » Ma mère ajouta : » Lucerne sera mon meilleur souvenir. La France a grand besoin, Monseigneur, que vous reveniez la régénérer ! » — « Quand nous y serons, répondit le Prince, elle changera. » — « J'espère, Monseigneur, dit encore ma mère, que nous vous reverrons bientôt et que ce sera en France. »

Le lendemain, 17 novembre, nous allâmes rendre visite à M. le comte de Monti de Rézé, qui fut, comme toujours, d'une courtoisie charmante, et qui voulut bien nous donner, à MM. Olivier de Kergonano, Armand Le Prince et à moi, pour la voie que doit suivre notre jeune dévouement, des conseils profondément sages et pratiques, dictés par l'expérience et la bonté. Il y a trente-cinq ans que M. de Monti partage l'exil et la vie de son roi, dont il est à peu près le contemporain. Sa taille est grande et élancée ; sa distinction parfaite ; l'expression de sa physionomie des plus sympathiques, son abord charmant, ses manières engageantes, sa voix pleine de charme, sa conversation vive, spirituelle et enjouée, sa parole on ne peut plus séduisante. En un mot, c'est bien le compagnon dévoué et l'ami d'Henri V.

Il nous remit alors, signées par le Roi, les photographies dont il s'était chargé, et de plus il nous donna, à M. Olivier de Kergonano et à moi, une grande photographie de Monseigneur le comte de Chambord, telle que le Prince n'en donne qu'à ses correspondants et aux députés, non seulement avec sa royale signature, mais avec la date et un gracieux mot de lui.

M. de Monti eut ensuite l'extrême amabilité de nous présenter à Monsieur le duc[1] et à Madame la duchesse[2] de Madrid, qui étaient venus visiter leur oncle. « Nous sommes très-heureux, dit ma mère à la duchesse, de l'honneur inattendu qui nous est fait d'être présentés à votre Altesse Royale. » — « Je suis fort aise de vous voir, » répondit la princesse Marguerite. « Je suis heureuse, Madame, ajouta ma mère, de voir en vous la fille de la duchesse de Parme. » Alors, la duchesse de Madrid, avec un accent où éclatait son profond amour filial : « Est-ce que vous avez connu ma mère ? » — « Non, Madame, mais nous l'aimions tant, d'après ce que nous en savions! » — Et sur le mot de M. de Monti que nous étions Bretons, la Princesse ajouta: « Oh! je sais combien les Bretons se sont montrés bons pour les Espagnols. » — « C'est, dit M. de Monti, la race la plus fidèle de France. » — « Elle est restée toujours fidèle, ajouta mon père, parce qu'elle est restée très-catholique. » — « Les Français légitimistes, dit M. de Monti au duc de Madrid, allient la cause du roi d'Es-

----

[1] Don Carlos.
[2] Fille de la duchesse de Parme.

pagne à celle du roi de France, et ils seront heureux, Monseigneur, de vous voir réintégré dans la possession de vos États. »

Le soir, nous assistâmes encore une dernière fois à une réunion donnée par le comte de Chambord. Le duc et la duchesse de Madrid l'honorèrent de leur présence. Les traits de la princesse Marguerite rappellent un peu ceux de sa grand'mère, la duchesse de Berry, et, comme elle, elle charme par sa grâce et son amabilité. — Le duc est un homme superbe, il est de haute taille; ses cheveux et sa barbe sont du plus beau noir, son œil est vif et brillant, son teint chaud, sa figure sympathique.

M. Olivier de Kergonano et moi nous remerciâmes le Roi de sa photographie et de ce qu'il avait bien voulu y écrire de sa main. « Comment donc? nous dit-il, vous m'avez fait tant de plaisir ! » Puis s'adressant à moi : « Je vous charge de remercier en mon nom tous les signataires de l'Adresse ; ce sera difficile, car ils sont nombreux, mais enfin, à l'occasion. »

Ce sont ces dernières paroles du Roi, mes chers coopérateurs, qui m'ont décidé à vous écrire ces lignes, ne voyant pas d'autre moyen de vous transmettre les remerciements de Celui que nous aimons tant et pour lequel vous avez si bien employé vos généreux efforts.

M. Dondel de Kergonano était allé le matin assister à la messe du Roi, et avait eu la bonne fortune de lui offrir l'eau bénite à sa sortie de l'église. Monseigneur le comte de Chambord entend ordinairement tous les jours la messe. Sa piété est profonde comme sa foi, mais il n'aime pas à se donner en spectacle. Aussi, à Lucerne, changeait-il chaque matin d'heure et d'église.

Le samedi 18, de grand matin, car Monseigneur se lève toujours à cinq heures et demie, nous allâmes, mon père et moi, guetter le départ du prince pour l'église, afin de terminer notre pèlerinage en entendant la messe royale et en suppliant le Roi des rois de nous rendre Celui que nous appelons de tous nos vœux. Après avoir attendu quelque temps, et comme nous craignions déjà de ne pas être arrivés assez tôt, nous vîmes s'avancer devant le péristyle du Schweizerhof la voiture de Monseigneur, simple voiture de louage à deux chevaux. Nous nous éloignâmes alors un peu pour ne pas être indiscrets. Quelques instants après, le Roi, accompagné de M. le comte de Blacas, l'un de ses secrétaires, monta dans la voiture, qui partit aussitôt. Nous rejoignîmes le comte de Chambord dans l'église des PP. Jésuites. Monseigneur s'était placé dans un banc, du côté de l'Epitre; il avait auprès de lui M. de Blacas. Pendant tout le temps que dura la messe, le Roi se tint debout ou agenouillé. Son maintien était grave et profondément recueilli; longtemps il eut la tête entre les mains dans l'attitude de l'adoration; on voyait qu'il priait avec ardeur et que sa belle âme s'élevait vers Dieu pour lui demander le salut de la France et le supplier de ne pas permettre que la Fille aînée de l'Église, si pécheresse qu'elle soit, devienne la proie d'un libéralisme dangereux ou d'un socialisme révolutionnaire. Monseigneur, tout entier à sa méditation, ne détourna pas une seule fois la tête ; il ne parut même pas troublé par le bruit que fit, en entrant dans l'église, un groupe d'étudiants suisses, dont quelques-uns allèrent se placer immédiatement derrière lui, sans soupçonner qui était leur auguste voisin. MM. Olivier de Kergonano et Armand Le Prince étaient venus nous retrouver. Nous ne pouvions nous empêcher d'admirer la noble simplicité de ce Roi, se mêlant ainsi à la foule, et venant prier Dieu sans faste et sans pompe, avec la piété de saint Louis. Après avoir entendu la messe que disaient en même temps à son intention deux prêtres français, Monseigneur se retira. Mon père s'avança aussitôt pour lui présenter l'eau bénite qu'il reçut avec un gracieux sourire. Il le remercia d'une façon charmante, et, se souvenant que nous étions sur notre départ, il nous souhaita, avec une grâce parfaite, un heureux voyage ; puis, après nous avoir encore adressé quelques mots aimables, il remonta en voiture, serra affectueusement la main de mon père et retourna au Schweizerhof, où l'attendaient de nouveaux visiteurs.

C'est ainsi, mes chers coopérateurs, que se passèrent nos cinq jours à Lucerne, jours pendant lesquels nous eûmes le bonheur de voir cinq fois le Roi. Il fallut nous séparer de nos charmants compagnons de route, qui avaient su nous faire paraître courtes les heures longues et pénibles d'un voyage de novembre, et nous dûmes chacun regagner nos foyers, emportant, dans nos cœurs fortifiés, d'ineffaçables souvenirs et l'espoir qu'un jour viendra où il ne sera plus besoin de franchir la frontière pour mettre son dévouement aux pieds du légitime Roi de France.

Permettez-moi, mes chers coopérateurs, d'ajouter en terminant que cet heureux jour, béni entre tous, que ce jour de résurrection sociale pour notre chère patrie, n'est peut-être pas éloigné ! Tout porte à croire, en effet, que la situation actuelle de la France ne peut durer longtemps. Notre gouvernement n'est qu'un gouvernement provisoire, un gouvernement de liquidation. « Les institutions républicaines, qui peuvent correspondre aux aspirations de sociétés nouvelles, ne prendront jamais racine sur notre vieux sol monarchique [1]. » « L'abandon des principes est la vraie cause de nos désastres. Une nation chrétienne ne peut pas impunément déchirer les pages séculaires de son histoire, rompre la chaîne de ses traditions, inscrire en tête de sa constitution la négation des droits de Dieu, bannir toute pensée religieuse de ses codes et de son enseignement public. Dans ces conditions, elle ne fera jamais qu'une halte dans le désordre; elle oscillera perpétuellement entre le césarisme et l'anarchie, ces deux formes également honteuses des décadences payennes, et n'échappera pas au sort des peuples infidèles à leur mission [2]. » Au contraire « la France se relèvera, si, éclairée par les leçons de l'expérience, lasse de tant d'essais infructueux, elle consent à rentrer dans les voies que la Providence lui a tracées [3]. » « C'est par le retour à

[1] Henri V. Manifeste du 9 octobre 1870.
[2] Henri V. Lettre à un député. 8 mai 1871.
[3] Henri V. Manifeste du 9 octobre 1871.

ses traditions de foi et d'honneur, que la grande nation, un moment affaiblie, recouvrera sa puissance et sa gloire [1]. » « Poursuivre en dehors de la monarchie héréditaire les réformes légitimes que demandent avec raison tant d'esprits éclairés, chercher la stabilité dans les combinaisons de l'arbitraire et du hasard ; bannir le droit chrétien de la société ; baser sur des expédients l'alliance féconde de l'autorité et de la liberté, c'est courir au devant de déceptions certaines. Ceux qui envahissent le pouvoir sont impuissants à tenir les promesses dont ils leurrent les peuples, après chaque crise sociale, parce qu'ils sont condamnés à faire appel à leurs passions au lieu de s'appuyer sur leurs vertus. Berryer l'a dit admirablement : pour eux, gouverner, ce n'est plus éclairer et diriger la pensée publique, quelle qu'elle soit ; il suffit de savoir la flatter, ou la mépriser, ou l'éteindre. Pour la monarchie traditionnelle, gouverner, c'est s'appuyer sur les vertus de la France ; c'est développer tous ses nobles instincts ; c'est travailler sans relâche à lui donner ce qui fait les nations grandes et respectées ; c'est vouloir qu'elle soit la première par la foi, par la puissance et par l'honneur [2]. » Aussi est-il vrai de dire que « malgré ce qui reste de préjugés, tout le bon sens de la France aspire à la monarchie. Les lueurs de l'incendie lui font apercevoir son chemin ; elle sent qu'il lui faut l'ordre, la justice, l'honnêteté, et qu'en dehors de la

[1] Henri V. Manifeste du 9 octobre 1870.
[2] Henri V, 1869.

monarchie traditionnelle elle ne peut rien espérer de
tout cela [1]. » Elle commence, enfin ! à comprendre
qu'elle « sera sauvée le jour où elle cessera de con-
fondre la licence avec la liberté, » le jour où elle
« n'attendra plus son salut de ces gouvernements
d'aventure qui, après quelques années de fausse sécurité, la jettent en d'effroyables abimes [2]. » Ce n'est,
certes ! ni à *l'homme de Sedan,* dont le nom est à
jamais flétri, ni à d'honnêtes rêveurs, ni à de vul-
gaires ambitieux que revient la tàche lourde, mais
glorieuse, de sauver la France, et de lui rendre, avec
la prospérité et la paix, son antique prestige et sa Foi
séculaire. Ce n'est pas non plus au fougueux tribun
du 4 septembre, au dictateur de Tours et de Bordeaux
qu'il appartient de régénérer la première nation du
monde. Un paysan me disait dernièrement au sujet de
Gambetta et de son gouvernement : « C'est la meil-
leure cause qu'il ait jamais défendue, parce que c'est
celle qui lui a rapporté le plus d'argent ! » Il disait
vrai. Ce n'est pas à de tels hommes que la France
peut confier le soin de sa réorganisation et de sa
vengeance ! Il lui faut un grand caractère pour la
conduire, une main ferme et habile pour la gouverner. Il lui faut Celui qui a compris et déclaré
hautement que « gouverner, ne consiste pas à flatter
les passions des peuples, mais à s'appuyer sur leurs
vertus [3]. » Il lui faut Celui qui, « durant les longues
années d'un exil immérité, n'a pas permis un seul

---

[1] Henri V. Lettre à un député, 8 mai 1871.
[2] Henri V. Lettre à un député, 8 mai 1871.
[3] Henri V. Manifeste du 9 octobre 1870.

jour que son nom fût une cause de division et de trouble, » et qui, maintenant « qu'il peut être un gage de conciliation et de sécurité, n'hésite pas à dire à son pays qu'il est prêt à se dévouer tout entier à son bonheur [1]. » Il lui faut Celui qui a ressenti « plus profondément que tout autre l'étendue de nos désastres, » et à qui, « mieux qu'à tout autre, il appartient de les réparer [2]. » Celui qui « ne nous a jamais trompés, » qui « ne nous trompera jamais, » et qui nous « demande, au nom de nos intérêts les plus chers et les plus sacrés, au nom de la civilisation, au nom du monde entier, témoin de nos malheurs, d'oublier nos dissensions, nos préjugés et nos rancunes [3]. » Il lui faut Celui qui ne demande qu'à « travailler à la régénération du pays ; » qu'à « donner l'essor à toutes ses aspirations légitimes ; » et, « à la tête de toute la Maison de France, à présider à ses destinées, en soumettant avec confiance les actes du Gouvernement au sérieux contrôle de représentants librement élus [4]. » Il lui faut Celui qui « ne ramène que la Religion, la Concorde et la Paix, » et qui « ne veut exercer de dictature que celle de la clémence, parce que dans ses mains, et dans ses mains seulement, la clémence est encore la justice [5], » nous pourrions ajouter : et non la complicité... Il lui faut Celui qui ne réclame qu'un privilége : « celui de consacrer tous

---

[1] Henri V. Manifeste du 9 octobre 1870.
[2] Henri V. Manifeste du 9 octobre 1870.
[3] Henri V. Lettre à un député, 8 mai 1871.
[4] Henri V. Lettre à un député, 8 mai 1871.
[5] Henri V. Lettre à un député, 8 mai 1871.

les instants de sa vie à la sécurité et au bonheur de
la France, et d'être toujours à la peine avant d'être
avec elle à l'honneur [1]. » Il lui faut Celui qui vient
de déclarer encore, dans un langage magnifique de
fierté, de grandeur, d'élévation et d'éloquence, qu'il
est prêt à tous les sacrifices compatibles avec l'honneur, à toutes les concessions qui ne seraient pas des
actes de faiblesse ; « qu'il n'a « qu'une passion au
cœur, le bonheur de la France ; qu'une ambition,
avoir sa part dans l'œuvre de reconstitution, qui ne
peut être l'œuvre exclusive d'un parti, mais qui réclame le loyal concours de tous les dévouements [2]. »
Il lui faut, en un mot, le « Chef de cette Maison de
Bourbon qui, avec l'aide de Dieu et de nos pères, ont
constitué la France dans sa puissante unité [3]. »

Plaignons ceux qui attaquent dans Monseigneur le
comte de Chambord *le Fils aîné de l'Église !* Qu'ils se
souviennent, eux qui craignent l'heureuse influence
de la religion, que « la liberté de l'Église est la première condition de la paix des esprits et de l'ordre
dans le monde. Protéger le Saint-Siége fut toujours
l'honneur de notre patrie et la cause la plus incontes-
table de sa grandeur parmi les nations. Ce n'est
qu'aux époques de ses plus grands malheurs que la
France a abandonné ce glorieux patronage [4]. »

Pour nous, mes chers coopérateurs, fidèles à nos

---

[1] Henri V. Lettre à un député, 8 mai 1871.
[2] Henri V. Manifeste du 25 janvier 1872.
[3] Henri V. Manifeste du 9 octobre 1870.
[4] Henri V. Lettre à un député, 8 mai 1871.

traditions, à nos principes religieux et politiques, ne cessons pas d'espérer en la Providence ; « car lorsque Dieu soumet une nation à de pareilles épreuves, c'est qu'il a encore sur elle de grands desseins [1]. » « Je serai rappelé, nous dit lui-même le comte de Chambord, non-seulement parce que je suis le droit, mais parce que je suis l'ordre, parce que je suis la réforme, parce que je suis le fondé de pouvoir nécessaire pour remettre en sa place ce qui n'y est pas, et gouverner avec la justice et les lois, dans le but de réparer les maux du passé, et de préparer enfin un avenir.

« On se dira que j'ai la vieille épée de la France dans la main, et dans la poitrine ce cœur de Roi et de Père qui n'a point de parti. Je ne suis point un parti, et je ne veux pas revenir pour régner par un parti. Je n'ai ni injure à venger, ni ennemis à écarter, n[i] fortune à refaire, sauf celle de la France ; et je puis choisir partout les ouvriers qui voudront loyalement s'associer à ce grand ouvrage [2]. »

Mais nous aurons peut-être, mes chers coopérateurs, avant de voir cet heureux retour aux anciennes traditions de la France, à passer par des moments pénibles, à franchir plus d'un obstacle, à surmonter plus d'une difficulté, à subir de nouvelles épreuves plus terribles que les dernières, car « le césarisme et l'anarchie nous menacent encore, parce que l'on cherche dans des questions de personnes le salut du pays, au lieu de le chercher dans les principes, » parce que « l'erreur de notre époque est de compter

---

[1] Henri V. Lettre à un député, 8 mai 1871.
[2] Henri V. Lettre à un député, 8 mai 1871.

sur les expédients de la politique pour échapper aux périls d'une crise sociale. » Et cependant, on devrait savoir que « chaque heure perdue à la recherche de combinaisons stériles profite à tous ceux qui triomphent de nos abaissements [1] ».

Néanmoins, ne perdons pas confiance, car « la France au lendemain de nos désastres, en affirmant dans un admirable élan sa foi monarchique, a prouvé qu'elle ne voulait pas mourir ; [2] » et notre Roi vient de nous assurer de nouveau qu'il « ne laissera pas porter atteinte, après l'avoir conservé intacte pendant quarante années, au principe monarchique, patrimoine de la France, dernier espoir de sa grandeur et de ses libertés. »

« Rien, nous dit-il, n'ébranlera ses résolutions, rien ne lassera sa patience, et personne, sous aucun prétexte, n'obtiendra de lui qu'il consente à devenir le roi légitime de la révolution [3]. »

Il reviendra, cet *enfant de l'Europe*, pour sauver sa patrie agonisante ; rappelé par ses sujets, repentants de l'avoir si longtemps méconnu, il reviendra avec ses principes et son drapeau, et « dans les plis glorieux de cet étendard sans tache, il leur apportera l'ordre et la liberté. » Ce drapeau, il « l'a reçu comme un dépôt sacré du vieux Roi son aïeul, mourant en exil ; il a toujours été pour lui inséparable du souvenir de la patrie absente ; il a flotté sur son berceau, » il est juste « qu'il ombrage sa tombe. » Non « Henri V ne

[1] Henri V. Manifeste du 25 janvier 1872.
[2] Henri V. Manifeste du 25 janvier 1872.
[3] Henri V. Manifeste du 25 janvier 1872.

peut abandonner le drapeau blanc d'Henri IV ; » il ne peut laisser, « parce que l'ignorance ou la crédulité auront parlé de priviléges, d'absolutisme et d'intolérance, de dîme, de droits féodaux, fantômes que la plus audacieuse mauvaise foi essaie de ressusciter à nos yeux, » il ne peut laisser « arracher de ses mains l'étendard de Henri IV, de François Ier et de Jeanne d'Arc. »

« C'est avec lui que s'est faite l'unité nationale, c'est avec lui que nos pères, conduits par les siens, ont acquis cette Alsace et cette Lorraine dont la fidélité sera la consolation de nos malheurs.

« Il a vaincu la barbarie sur cette terre d'Afrique, témoin des premiers faits d'armes des princes de sa famille ; c'est lui qui vaincra la barbarie nouvelle dont le monde est menacé. » On pourra le confier « sans crainte à la vaillance de notre armée, il n'a jamais suivi, elle le sait, que le chemin de l'honneur ; [1] » et nous avons, avec notre Roi « la fierté de croire qu'il lui rendrait son antique prestige [2]. »

C'est, du reste, le drapeau de la France, et s'il « a éprouvé des revers, il y a des humiliations qu'il n'a pas connues [3]. »

Si jamais, revenus à des idées plus saines, et gouvernés enfin par le dernier représentant des Bourbons, nous avons une guerre contre la Prusse, nos ennemis ne pourront du moins se vanter d'avoir dans leurs

[1] Henri V. Manifeste de Chambord, 5 juillet 1871.
[2] Henri V. Manifeste du 25 janvier 1872.
[3] Henri V. Manifeste du 25 janvier 1872.

arsenaux un seul de nos étendards, tandis qu'ils possèdent, hélas! des trophés de drapeaux tricolores.

Le drapeau tricolore, symbole de la Révolution, a présidé au meurtre de Louis XVI, et s'il a visité, en vainqueur, les principales capitales de l'Europe, il a aussi été arboré sur les barricades d'une minorité factieuse, et est venu, « *de clochers en clochers,* » jusqu'à Sedan, où il s'est précipité honteusement dans le déshonneur et l'ignominie ; flétrissure dont il ne se lavera jamais !

Je termine, mes chers coopérateurs, car j'ai déjà abusé trop longtemps de votre patience et de votre bienveillante attention. Fidèles à l'antique et noble devise de nos pères : Dieu et le Roi ! et confiants dans la miséricorde de Celui qui dirige les nations, souvenons-nous du passé et profitons du présent pour préparer l'avenir. Tenons haut et ferme le drapeau de nos convictions, et ne nous laissons entraîner ni par les séductions de l'erreur libérale, ni par les enseignements perfides des apôtres de la Révolution. Enfin, que toujours de nos poitrines s'échappent ces trois cris qui n'en font qu'un dans nos cœurs :

VIVE LA FRANCE ! VIVE LE ROI !
VIVE LE DRAPEAU BLANC !

www.ingramcontent.com/pod-product-compliance
Lightning Source LLC
Chambersburg PA
CBHW051737050726
47598CB00003B/1234